大展好書　好書大展
品嘗好書　冠群可期

大展好書　好書大展
品嘗好書　冠群可期

新太極拳書

老拳譜新編 4

馬永勝／著

經曰督脈任脈四尺五寸共合九尺
太陽之會故也
潔古曰督者都也為陽脈之都剛任
海藏曰陰蹻陽蹻同起跟中
之下乃水溝而相接
身之前一行於身之後人身之有任
分可以合分之以見陰陽之不離合
二而一者也
升降之道坎水離火交媾之鄉故
闔則稱無無者以奉上上有神

大展出版社有限公司

策劃人語

本叢書重新編排的目的，旨在供各界武術愛好者鑑賞、研習和參考，以達弘揚國術，保存國粹，俾後學者不失眞傳而已。

原書大多為中華民國時期的刊本，作者皆為各武術學派的嫡系傳人。他們遵從前人苦心孤詣遺留之術，恐久而湮沒，故集數十年習武之心得，公之於世。叢書內容豐富，樹義精當，文字淺顯，解釋詳明，並且附有動作圖片，實乃學習者空前之佳本。

原書有一些塗抹之處，並不完全正確，恐為收藏者之筆墨。因為著墨甚深，不易恢復原狀，並且尚有部分參考價值，故暫存其舊。另有個別字，疑為錯誤，因存其眞，未敢遽改。我們只對有些顯著的錯誤之處，做了一些修改的工作；對缺少目錄和編排不當的部分原版本，我們根據內容進行了加工、調整，使其更具合理性和可讀性。有個別原始版本，由於出版時間較早，保存時間長，存在殘頁和短頁的現象，雖經多方努力，仍沒有辦法補全，所幸者，就全書的整體而言，其收藏、參考、學習價值並沒有受到太大的影響。希望有收藏完整者鼎力補全，以裨益當世和後學，使我中華優秀傳統文化承傳不息。

為了更加方便廣大武術愛好者對古拳譜叢書的研究和閱讀，我們對叢書作了一些改進，並根據現代人的閱讀習慣，嘗試著做了斷句，以便於閱讀。

由於我們水平有限，失誤和疏漏之處在所難免，敬請讀者予以諒解。

中央國術館張館長子薑先生提倡國術嘗謂強種救國舍是末由此為公最近肖影奕奕丰神同深瞻仰

著者馬永勝肖影

新太極拳目次

乃武乃文

革故鼎新

李景林題

鍊气人神

胡樸安題

吾友保定馬子貞曾以新武術
子書相示今聊城馬君永勝又有
新太極拳書吾為國術賀且
喜馬君之善於研究不倦為子家
言也

張子麐

博採眾長

周衍廣

周衍廣

運用之妙
存乎一心

黃蘊深題

新太極拳序

經國之道，曰文與武。文弱之弊，以武救之，國術尚已。慨夫吾民族之積弱日久，思有以振之經驗所得，深知中國固有國術，足以裨益戰鬥者，既宏且鉅。而關於民族之盛衰，用以自衛生存者尤為重大，於是國民政府有中央國術館之設。又以精此道者，嘗囿於門戶之見，示人不廣，特揭其旨，曰強種救國，化除宗派畛域。成立以來，全國人士，大有風行草偃之勢。各專家先後來館，從事研練者有之，各出心得，著書以行世者有之。山左聊城馬永勝同志，湛心國術有年，於太極拳尤有心得，近又參以諸家之法，輯為九十六式，名曰《新太極拳》，具動靜剛柔之體，含陰陽開合之妙；周折活，重式少，委婉多姿，變化敏捷；若驚鴻之戲水，游龍之擊空，令人興致勃然，實開研幾斯術之新紀元。嗚呼！國人果從此聞風興起，共相講習，行見國術雲蒸霞蔚，其裨益於吾民族之強盛，更何可量。故樂為序，以告世之有志斯道者。

中華民國二十年五月序於中央國術館

張之江

新太極拳圖說序

國家之盛衰，繫乎人民之強弱；人民之強弱，繫乎體格之健全與否。西諺有之曰：有健全之人民，而後有健全之國家。蓋使一國之民，糾糾（赳）桓桓，悉屬干城之選。一旦疆場有警，出為禦侮，加以大無畏之精神，堅拔不撓之意志，喑啞則山岳崩頹，叱咤則風雲變色，以此攻敵，何敵不摧？日本之稱雄，德意志之成霸，何莫非武士道與鐵血之成功？吾國素稱數千年文化之邦，遜清以前，貴文而賤武，降至末造，積重難返。洎乎槍炮盛行，戰爭之利器，在於機械。彈刃著處，血肉橫飛。淺見之士，咸以為處今之世，雖拔山舉鼎之雄，亦無足用。不知衝突於槍林彈雨之中，棲宿於風欺霜壓之下，非具有健全之體格，其不疾病而死者幾希矣。若夫夜月蒼茫，短兵相接，五步之內，血肉濺搏，雖有利器，亦無所施。非具有健全之體格，安能抵抗？人為刀俎，吾為魚肉，又烏足以言殺敵致果哉？至於治一事，成一業，亦必須有健全之體格，始足以勝任而愉快。

雖然體格非人人生而能健全者也，是不可以不鍛鍊。鍛鍊之法惟拳術為最。吾國拳術，始於達摩而成於張三豐，遞嬗之際，若隱若現，綦難稽考，而又有內外家之分。外家競推少林，所謂達摩宗派者是。內家則數武當，以三豐為巨擘。武當本源於少林。自宋以來千百年間，兩派流傳如鐵道雙軌，相輔而並行。顧擅斯道者，類皆山林隱逸之士，草澤屠販之夫，懷抱絕技深自隱秘，世莫能知；知亦不傳，以致國粹淪亡，良深慨嘆。而環顧國勢日衰，人民日弱，風雨飄搖，不遑寧處。強鄰環伺，視眈眈，欲逐逐，國之不亡，徒以有互相牽制之無勢耳。一旦而均勢失，其能不為印度朝鮮之續乎？

邇來當道諸公，有鑒於此，大聲疾呼提倡體育，不遺餘力。自首都有國術館之設，各處人民風起雲湧，相率而趨於距躍曲踴之道，而拳術乃駸駸然，有中興之勢。向之視為瑰寶，秘不傳人者，皆豁然開朗，揭露無餘。弱者以健，健者以強。若干年後，吾決其必能一洗東亞病夫之恥，而躍於強國之列也。

雖然拳術之宗派，有少林武當之分，既如上述。其中諸家，又復派別繁岐。學者每苦於無所適從。欲求其人人可習，而無偏畸之弊者，莫太極拳。若山左聊城馬君永勝，擅長拳術，於太極拳致力尤深，乃綜合各家之長，治少林武當於一爐，揚其源而清其流，哺其華而棄其粕；剛柔適度，氣力平勻，身體而力行之，收效頗速，乃名之曰新太極拳。

去年秋，院中同人以研究拳術請，余乃屬馬君以指導之。君即以新太極拳分段逐日詔同人練習，凡六閱月始畢。而君以事他往，未克再作湛深之研究。然同人中平日以積弱稱者，今則體魄堅凝，已漸進於健全之域。嘗惜其限於一隅，不能使人人得從君遊為憾。今春，君自首都返，出示其所編之《新太極拳》圖說，姿勢凡九十六式，其中精義闡發殆盡。學者雖素所未習，覽之亦明晰無遺，一編相對，如見名師。君且將廣為刊行，光大而發揚之，使人人可以練習，而齊躋於健全之列，則是圖也。豈特人民之健全指導，國家之盛衰，實利賴之。余故樂為之序，以介紹於學者。

中華民國二十年五月二日中山林彪序於江蘇高等法院

序

自鹽山張之江先生，以強種救國之說呼號於世，曾不數年，而全國人心已注意鍛鍊國術，實為最合運動之法。於是孩提之童，青衿之子，皆能知所謂手眼身法步者，足與擊球、競走、游泳等技同一功效，或且過之。即號稱血氣既定老成端謹之士，亦深以懦弱恇怯非立國之道，亦莫不爭習國術，以強其身，而用力無多，收效最弘之太極拳，遂為舉世所推尚。蓋國術種類至不齊，習之既久，皆足強健體魄。惟太極一門，矜平躁釋，寓剛於柔，雖傴僂衰翁，日日為之，亦能卻病延年，不知老之將至，故國人好之宜也。第太極拳發源於武當，傳至今日，派別亦頗紛岐，一舉手一翹足，即可指為某宗某派。受學者每恍惚而不知所從。聊城馬君永勝寢饋於此，亦已經有年，以其所得於師友者，剝膚存液，

融會貫通成為《新太極拳》一書。其中分圖刊說，簡要易曉。余受而讀之，復請學其術。馬君乃依圖說，演講於庭，若龍之翔，若馬之驤，若虎之伏，若猿之捷，又若鳳鳥之展其翮，燕雀之撲於門；或俛或仰，若斷若續，瞬息之間，為狀百變；然其動作要皆各家精意所存，無一繁衍重複處；而其推進方法，又按照乾、離、坎、兌、震、巽、艮、坤諸卦爻象，以為進退翱翔之據。雖藝也，而進於道矣。余中年奔走，人事日非，左臂以受寒濕，時復隱隱作痛。初就學於馬君，頗畏其難，習之數月，而臂痛若失，不覺欣喜過望。余然後乃嘆衰弱者能使之強，少壯者又當何如？彼鹽山張氏所日日呼號，謂為強種救國者，意在斯歟，意在斯歟。

中華民國二十年四月鎮江黃乃楨序於中央國術館

新太極拳圖說序

嘗讀秦風小戎駟鐵之詩，於以知秦俗強悍，樂於戰鬥，俱能超乘而過，為天下之雄國。至若晉之魏犨距躍曲踴，是皆輕身矯健，未始非拳術之權與。沿之漢末華陀，以五禽圖傳世，於是分為內家外家兩派，則武當少林尚焉。雖世間不乏傳人，往往視為神秘，不能盡法以傳，要之民族之衰，由於風氣之弱。方今列強競尚武功，日本島國耳，提倡柔術劍術，稱雄亞歐。吾國積弱，自應急起直追，於是首都有國術館之設，以開風氣之先，乃人類需要有智育德育體育三項。自來精拳術者取友必端，則德育尚矣。設體育未能健全，則思想亦難以精深，可知智德兩育俱統於體育，蓋可以忽乎哉？山左聊城馬君永勝長於拳術，前充技術隊長，頗有所造就，對於太極拳亦有所心得，更參以諸家之法，集其大成，名曰《新太極拳》，共九十六式，俱攝影為標識，其姿勢精神躍躍紙上。學者儘可按圖練習，不異師資。吾知是圖之出，可以不脛而馳，其裨益於體育界者良匪淺鮮矣，故樂得而為之序。

中華民國二十年五月六日雲間急鄰競識於吳門

序

夷考古制，寓兵於農，其民習耕作而嫻狩獵，其士大夫入贊平治，出掌軍衡，悅禮敦詩，不廢射御，文藝武術固未嘗有歧視也。迨後之操治權者，以不便於民之習武，遂致變本加厲，藏兵有禁，游俠有禁，左文右武，相習已然。舉先民同仇敵愾，糾糾（赳赳）尚武之風，寂焉已盡，國魂淪泊，民氣消沉，至矣極矣。革命軍興，我民受三民主義之洗禮，方恍惚於積弱之當祛，國強之有道，而數千年相傳之國術，得再為士夫所重視。中央創設專館，舉行國考，以提倡於先。各地有志之士，亦風起雲從，從轉相傳習，以蔚為一時之風尚，猗歟盛哉！雖然世上任何學術，得有相當價值而能傳之不敝者，莫不有賴於學子鑽研之精神，與夫名世之著述，相切相磋，以傳以廣，國術亦何莫不然？奈往者師承相授，門戶見深，各以玄秘為能，即或述焉而不能詳，亦未始非國術前途之一障也。我友聊城馬君鈺山，粹於斯道已三十餘年矣。吳中軍敬兩界，沐其化而習其教者，亦實繁有徒。比來同事於吳，見學友王君晢固，從馬君研習斯術，余觀而羨焉，乃以孱弱之軀，妄求請益。君以新太極拳見授，日以一二段為律，漸覺於精神形骸兩有裨益。所惜習之至暫，持焉無恆，斯道之精意宏旨，仍苦未能深造耳。今馬君以其所授者，編次而順序之，麗以圖說，著為《新太極拳》一書，將付剞劂，蓋亦怵於學術玄秘之弊，若得若失，悉當貢諸世人，而後克見學術本身之價值，且以重拾墜緒，而振壯武之風也。夫書成索序於余，未獲以不文辭，僅以年來所躬受者，爰為世人告。

中華民國二十年六月上海黃曦序

新太極拳自序

余幼患體弱，性無所好，惟喜拳術。年未成丁時，每聞里中有能者，輒造訪請求教授。嘗於讀書之暇，私自練習，有所心得，則為之暢快莫已，久之而體乃轉弱為強焉。而後知人生強健體質之方，莫妙於拳術。今欲強國，必先強身。苟我國民，身無不強，則國安有不強者乎？惜者拳家宗派峙立，門分戶別，各執一是，師法不同，傳授自異，短長互相攻詰，往往而然。民紀十七年，中央考試國術，聚海內英俊共顯身手，而門徑紛歧，遂令學者茫然，望洋興嘆，莫知所宗，誠我國國術前途之大患也。余不敏，歷三十年來，隨地隨時，競競於斯道，無時或輟，所有少林武當，支分派別，無不問津，以資考證。雖未能盡造其精微，差幸各悉其大意，謹將生平功苦歷練所得，擇其精華，棄其糟粕，會合貫通，俾各宗各派混合於一，精心窮究，歷數寒暑，編輯成書。因所得於太極成法者較多，爰名曰《新太極拳》。冀學者得其方針，知所趨向，不至失之一偏，走入迷途。書成，中央國術館長張子姜先生見而善之加以審定，列為館中必修課程。他如中央及政治各大學，亦歷經採用而教練之，咸稱此拳術足以鍛鍊體質之強健，較尋常專守一家法，功效速度誠不可以道里計也。且此拳術門徑，威重和平，剛柔兼備，無論老幼男女，學之咸宜。或個人練習，或團體教授，莫不適用。凡我國民，其有志於強身以強國者，其以是為津梁焉。惟余碌錄奔走，暇日無多，倉卒而成，不無舛誤。海內高明，隨時糾正，匡其不逮，有不勝欣幸者矣。時維

民國紀元二十年四月山左聊城馬永勝序於姑蘇寓次

新太極拳例言

一、本書之目的，在普及全民均國術化，以期達到強種救國自衛生存之原則，故為學者易於練習起見，務求姿勢動作不費氣力，解說求其淺顯。

一、本書所著動作形式，係著者多年苦心歷練所得，非尋常偏於一家一派之成例圖書可比。

一、本書所著之動作及姿勢，均按上下五禽圖形運用，上為鳳、鶴、鷹、燕、雀，下為龍、虎、獅、馬、猴。其中之法亦合掤攦擠按採挒肘靠進退顧盼定十三勢，均含動靜剛柔陰陽開合之意義。

一、本書注重生理衛生與自衛奮鬥二概念。著者相信人類欲圖生存，不外乎衛生與奮鬥的交互作用，所以運用之法以合乎生理為體，討論對手折拿，以及破法為用。體用兼備，變化神奇。希望學者對此二概念特別注意。

一、本書所有姿勢，大致得之於研究太極拳者為多，但不能完全拘滯於一，其他何家宗派有可取處，或為採入，抑或為前人所未曾有者，混合而成。望閱者加以批評。

一、本書所著此拳分為四段，第一段自開始起至第二路三十一式攬雀尾為止；第二段至第四路五十四式右倒輦猴為止；第三段至第六路七十式採手沖天炮為止；第四段至第八路九十六式太極還原為終。如身體弱者難能一氣演畢，分合隨意最便初學。

一、本書因限於篇幅，及倉卒付印之故，疏忽錯訛在所不免，尚希時賢予以糾正。

新太極拳八卦方位圖解

余編此《新太極拳》一書，除依式攝影逐條說明外，並於篇首繪八卦方位圖一幅。該圖計編成九十六式，共分四段，每段兩路，合計八路。每路照圖中號碼挨次練習。預備時身立震位，震屬東方，東者動也，震氣主動，萬物發生於東，無論何方向地點均依起首身位為標準，以太極圖中心為起點，演成八卦形式。演畢復初式地點，而仍歸於太極中心。此行拳之途徑也。如圖分乾、坎、艮、震、巽、離、坤、兌。始第一路乾起，次離坎兌震巽，終於坤。始於乾，終於坤者，是為乾天坤地。其次艮、震、巽、離、兌六卦之運用，皆包括在天地之中，如天地上下含陰陽六氣也。惟練此拳時，須平心靜氣，進退循環，綿綿不斷，鬆肩墜肘，氣沉丹田，用意不用力。呼吸調勻，切勿合口閉氣，並忌使用過量之力。各種動作有柔有剛，動靜出於自然，流行不息。如此則能順受天地之正氣，發揚本身之元氣，於練拳之法得其旨矣。

新太極拳目錄

第二十一圖　雙手分膝二十一式
第二十三圖　鳳凰雙展翅二十三式
第二十五圖　後轉撩陰二十五式
第二十七圖　推窗亮格二十七式
第二十九圖　左通臂手二十九式
第三十一圖　攬雀尾三十一式
第三十三圖　轉身左蹬腳三十三式
第三十五圖　左龍形式三十五式
第三十七圖　盤肘右平推三十七式
第三十九圖　左右雲手三十九式
第四十一圖　活步雲手四十一式
第四十三圖　丁步十字手四十三式
第四十五圖　斜飛右靠四十五式

第二十二圖　雙風貫耳二十二式
第二十四圖　二虎蹬山二十四式
第二十六圖　盤肘攬雀尾二十六式
第二十八圖　海底針二十八式
第　三十　圖　右通臂手三十式
第三十二圖　攬手右蹬腳三十二式
第三十四圖　右龍形式三十四式
第三十六圖　上步指膛捶三十六式
第三十八圖　擺手還原三十八式
第　四十　圖　活步雲手四十式
第四十二圖　活步雲手四十二式
第四十四圖　斜飛左靠四十四式
第四十六圖　正分式四十六式

第七十三圖　右擺蓮七十三式

第七十五圖　金龍探爪七十五式

第七十七圖　斜單鞭七十七式

第七十九圖　左孔雀步七十九式

第八十一圖　玉女右穿梭八十一式

第八十三圖　白鶴亮翅八十三式

第八十五圖　喜鵲撲門八十五式

第八十七圖　野馬左分鬃八十七式

第八十九圖　玉女左穿梭八十九式

第九十一圖　上步七星九十一式

第九十三圖　轉身雙擺蓮九十三式

第九十五圖　陰陽合手九十五式

第七十四圖　連環掌七十四式

第七十六圖　上步攬雀尾七十六式

第七十八圖　右孔雀七十八式

第 八十 圖　玉女左穿梭八十式

第八十二圖　手揮琵琶八十二式

第八十四圖　猿猴出洞八十四式

第八十六圖　盤肘平推八十六式

第八十八圖　野馬右分鬃八十八式

第 九十 圖　玉女右穿梭九十式

第九十二圖　退步挎虎九十二式

第九十四圖　左右雙撞捶九十四式

第九十六圖　太極還原九十六式

新太極拳歌

太和式架站中原
前後分轉防禦堅
平手雲遊攬雀尾
偷步穿掌右單鞭
撈手上步雲托月
摟膝拗步左右連
上步撓肘攬雀尾
鳳凰展翅分兩邊
翻身下勢海底針
攬手抱捶足當先

兩手緩緩勢托天
雙手閃門存用意
初步推掌向乾天
金獅轉身向後望
海底撈月轉回還
肘底看捶莫用力
兩手下分護膝前
二虎蹬山撩陰掌
左右通臂式法全
轉身合手蹬左足

雙手安定陰陽式
抱虎歸山任自然
刁手展開左鞭式
上步刁手右掌攔
上下攬手提左腿
揚手退步向左觀
雙風貫耳平身起
雀尾推亮勢連環
復攔雀尾見精彩
龍形捕虎爭前川

進步停掌指膛捶
十字丁步落中間
盤肘平推下勢轉
如封似閉虎歸山
上步栽捶撩陰打
探海打掌退坐盤
上步斬胸平盤肘
落地下採炮沖天
進步連環龍探爪
玉女穿梭左右攔
猿猴出洞對胸掌
玉女穿梭轉回還
轉身擺蓮雙撞捶

退步平推搬回還
左右撓肘斜飛式
野馬上槽左右連
退步撐撤倒輦猴
轉身撇捶手當先
鷹雞獨立身穩定
臥虎翻身穩如山
轉身攻打頂心捶
盤肘雀尾斜單鞭
手揮琵琶坤地轉
喜鵲撲門雙手盤
上步七星翻捶用
陰陽合手勢還原

左右雲手活步退
上步正分面前觀
引手攻式透心掌
攬手望月左右觀
引掌上步明飛腳
紫燕點水左擺蓮
引手走遊雙蹬膝
迎面擊掌右擺蓮
刁掌提腿孔雀步
白鶴亮翅神靜安
野馬分鬃左右退
退步挎虎左腿懸

新太極拳八方五位圖解

本書新太極，共計八路，分為四段。先從震字起點，始乾終坤。預備式即是無極，乃無形無象，混混沌沌，實天然未分之性。無極生太極，用兩手從下由左右向上劃一太極圓圈，兩手尖相對，手心向上，是為托天式。太極生兩儀，用左右手上下安定是為陰陽式。兩儀生四象，故是拳分為四段。四角四個玉女穿梭，即四肢也。四象生五行，是進、退、顧、盼、定。為金、木、水、火、土，五方位也。五行生八卦，是拳共有八路，分乾、坎、艮、震、巽、離、坤、兌四正四斜角，為掤、攦、擠、按、採、挒、肘、靠八方位也。此拳演成八卦形式，演畢仍歸太極中心，為太極還原。

新太極拳八方五位圖

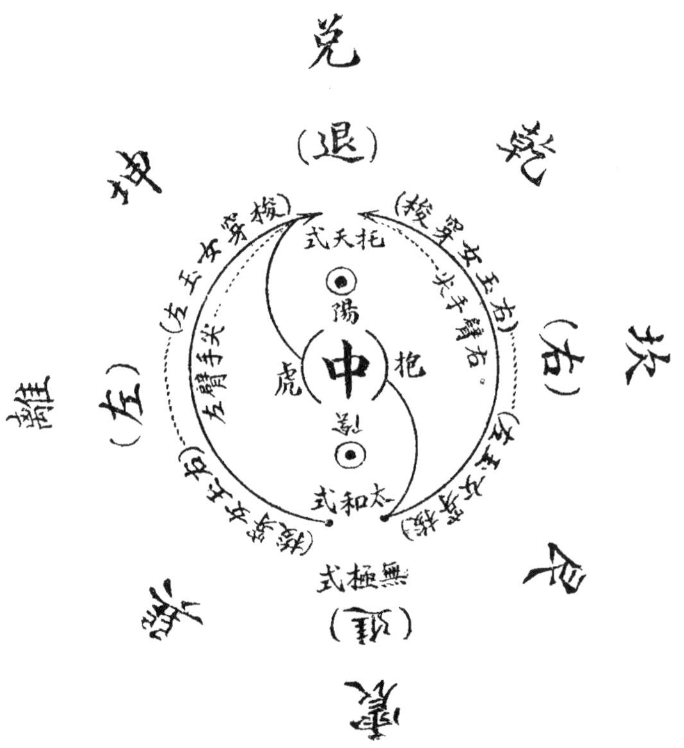

新太極拳解說

預備式　立正姿勢

【解說】預備時面向正方，兩足併立於太極圖邊，離開一步，兩足跟併攏，兩足尖距離約六十度。兩臂垂直，手心向內，手尖朝下。平心靜氣，順其自然，內思無術，外無所視，無形無象，空空洞洞，以心意為作用，全身穩定，如無極形式。下連開始動作。

預備勢　無極圖

第一段　第一式

【解說】開始左足先動，從預備式起，用意不用力，隨向前邁開一步，落於太極圖邊。兩手同時抬與胸平。右足亦隨向前一步，兩足距離與兩肩相齊。兩手緩緩隨向下落至腰下為止，手尖均向前，手心向下，五指稍為離開，兩肩下鬆，氣沉丹田，不可前俯後仰，目向前平視。下連二式。

太和式　第一圖

【用法】此式運用，舒筋活血，順氣養神，氣沉丹田，使練者不致有氣滯之弊。如氣往上提，則與運動不合。

第一段　第二式

【解說】接前式，兩足原地不動。兩手緩緩從左右兩邊向上抬起，作一太極圓球形式，兩手如托重物，手尖相對，手心向上，稍偏前方。兩手抬時不可向上提氣。呼吸自然，平心靜氣，純為用意。氣往下沉，全身不要用力。兩肩鬆動，且勿挺胸閉氣。兩足穩定。目向前視。下連三式。

【用法】此式運用，靜心養氣，舒展胃部。兩手上托可以寬胸利氣，並且發動兩臂之力。

托天式　第二圖

第一段　第三式

【解說】接前式，兩足原地不動。兩手緩緩從上向兩邊分開，往下畫一圓圈，落於腰下，兩手隨向腹前抬起，右手先抬，左手心向上，右手心向下。兩手稍停，手心相對，如同抱著圓球，稍偏右邊。身微右擰，稍向下落，兩腿彎曲，重點落於左足。左右兩手如兩儀形。目向前視。下連四式。

【用法】此式運用，兩手上下相抱，發動兩臂，柔軟腰部，鬆肩舒胸，及增加左腿之力。

陰陽式　第三圖

第一段　第四式

【解說】接前式，右足不動。兩手前後分開，右手從上面向背後往下落，目視右手從下往前抬起，至於胸前，指尖向上，左手亦從下邊向前往上抬起，畫一半月形式，收回胸前，至右手裡邊附於脈間。一身重點落於右腿，身向下坐。左足伸出，足跟著地。目向前視。下連五式。

【用法】此式運用，伸縮兩臂，柔活腰部，寬胸舒氣。兩手停於胸前，以防對方前進，及發動右腿之力。

防禦式　第四圖

第一段　第五式

【解說】接前式，兩足原地不動。兩手緩緩向上抬起，手心向前，兩臂隨往左右兩邊分開，畫一圓圈形式，落於下邊。左右腿兩旁，五指稍為離開，手尖向下，大指向前，兩肩下鬆。身向下落，左右足與前式相同。兩手運動用意不用力，氣往下沉。目向前視。下連六式。

【用法】此式運用，舒展兩臂，寬胸順氣。雙手閃開是引誘對方來攻，使伊誤入其計。

雙手閃門　第五圖

第一段　第六式

【解說】接前式，兩手從兩邊向上抬平，至於兩乳旁。左足不動，隨用右足向前邁開一步，與左足靠攏。兩手緩緩亦隨向前伸直，如同抱一重球托出一樣，兩手心相對，虎口向前。兩腿併齊，稍向下彎曲，身亦同時下垂。兩肩鬆動，氣仍下沉。目向前平視。下連七式。

【用法】此式運用，舒展兩臂之力，使兩手下抱，可將對方兩臂分開，隨向胸部或兩脇下酌進均可。

抱虎式　第六圖

第一段　第七式

【解說】接前式，兩足原地不動。兩手變為陰陽，右手心向上，左手心向下，兩肩鬆動，兩肘下墜，左手尖靠於右手脈窩邊，稍離寸餘，兩手緩緩從前向右後平畫一半圓形式，收回靠於胸前，面對右斜方。兩腿彎曲，勿要挺。胸氣仍下沉。目隨手視。下連八式。

【用法】此式運用，平手雲遊為引進之勢，使對方前來落空之意，或搏其手臂隨擊其胸部。

攬雀尾　第七圖

第一段　第八式

【解說】接前式，左足原地不動，右手尖向上。先用右足向右前方，伸（邁）出一步，足眼著地，一身重點落於左腿。左手仍靠於右手脈窩邊，手掌向前，兩手緩緩隨向右前方平推，推至右腿平齊為度。同時，右足尖落地，左腿原地伸直，成為弓箭步。目隨手視。下連九式。

【用法】此式運用，兩臂與左足之力，至於右掌隨同對方胸部或脇下作前進之勢。

上步推掌　第八圖

第一段　第九式

【解說】接前式，右手作為刁手，左手翻轉，手心向內，目隨左手復緩緩向左伸開，手心隨向外轉，手尖向上。兩腿原地作為騎馬式，兩膝用力，兩足尖向前。且勿挺胸，呼吸出於自然。兩臂稍彎，左手掌向前，右手下刁，左手尖、右手背均與頭頂相平。目視左手。下連十式。

【用法】此式運用，兩臂與兩腿之力。如遇對方進攻時，隨用左手架開，並推按其胸部均可。

左單鞭　第九圖

第一段　第十式

【解說】接前式，右足原地不動，左足緩緩退於右足後邊，作為丁字式，重點落於左足尖。左手疊至腰平，手心向上，右手從耳邊向前伸直，左手從右手背上穿過，作為刁手。右足隨退後一步，作為騎馬式。勿要挺胸提氣。右手亦隨向右邊伸開，手心向外。目視右手。下連十一式。

右單鞭　第十圖

【用法】此式運用之力，與前相同，惟用右手招架，向敵胸部推按均可，是左右變換而已。

第一段　第十一式

【解說】接前式，兩足仍在原地。右手先向上抬起，身隨手同起，目視右手。右足尖著地，足跟向左移轉。右手從上向右後下落，身亦同時向右轉，左手從下向前往上抬起，兩臂彎圓，前後兩手虎口相對。兩腿彎曲，左膝盤於右膝下邊，左足尖著地。目向後望。下連十二式。

【用法】此式運用，寬胸舒氣，柔軟腰部，鬆動兩肩，並可防對方從後攻擊。

金獅後望　第十一圖

第一段　第十二式

【解說】接前式，右足原地不動，身向下伏，左足先向前一步，重點落於右腿。隨用左手向下，往前從左膝下刁過，隨疊至左腰平，手心向上。左足跟移至右邊。右手隨向前打掌。兩腿彎曲，右膝盤於左膝下邊，右足尖著地，重點落於右足，氣仍下沉。目視右手。下連十三式。

刁手打掌　第十二圖

【用法】此式運用，對方或用拳足來擊時，先用左手將伊之拳或腿向外刁開，即用右掌乘勢推按均可。

第一段　第十三式

【解說】接前式，先用右手向下，從左邊向後撈，左手隨向後伸直，右手從下復向上往前伸開。身亦同時抬起，右足隨向前一步，左足亦向前與右足靠攏，身隨立起。右手向下伸開，左手隨向上托，兩臂稍彎，兩手背上下相對。勿要挺胸提氣。目視前方。下連十四式。

【用法】此式運用兩臂之力，並鬆動兩肩，用以順其呼吸之氣，氣能直入丹田，不致有傷氣之弊。

上步托月　第十三圖

第一段　第十四式

【解說】接前式，兩足原地不動，兩膝極力向下彎曲，身隨向下落。左手同時從上向下撈至地平為度，手隨翻轉，手心向上，右手停於胸前，手心向下，與身同時提起，兩手心相對，如同抱月在胸前。且勿合口閉氣，呼吸出於自然。兩肩下鬆，目視右手。下連十五式。

【用法】此式運用，兩膝之力及活潑腰部，舒筋順氣，身向下落，氣能下沉，並防對方進擊之用。

海底撈月　第十四圖

第一段　第十五式

【解說】接前式，兩足原地不動，先用兩手左右攬開，右手從上向右後落，左手從下向上抬起，右手復從後抬起，停於耳後，手心向外，手尖朝上，左手停於右乳旁，手心向後，左腿稍曲（屈），隨向前往上提起，以大腿為平，右腿下曲，重點落於右腿。目向左視。下連十六式。

【用法】此式運用，兩腿之力，並鬆動兩肩，發展腰部，氣仍下沉，及防備對方來攻之意。

攬手提腿　第十五圖

第一段　第十六式

【解說】接前式，右足原地不動，先用左手向前，從左膝下向左邊摟過，左足隨向左前方落地，身亦同時向前，右腿伸直作為左弓步式。左肩下鬆，左手疊至左腰旁，手心向下，右手從右後隨向前緩緩平推，手尖向上，與眉相齊。腰塌著勁，目視右手。下連十七式。

【用法】此式運用，防禦對方或用拳足來擊，即用左手摟開，用右掌向其胸部或脇下酌進，並可發動兩臂與兩足之力。

左摟膝拗步　第十六圖

第一段　第十七式

【解說】接前式，左足原地不動。右手從下向右收至左乳旁，手心向外，左手亦向後抬起，停於左耳後邊。右腿稍彎，向前抬起。右手隨向右膝下，向右邊摟過。右足隨向右前方落地，身同時向前，左腿伸直，作為右弓步式。右手疊至右腰旁，手心向下，左手向前平推。目視左手。下連十八式。

右摟膝拗步　第十七圖

【用法】此式運用與前式相同，不過變換左右手足而已。

第一段　第十八式

【解說】接前式，左足先向左前方邁開一大步，左膝下曲（屈），右足亦隨向前，與左足靠攏，雙膝並齊，兩腿同時彎曲。右捶隨向前平伸，虎口向上，與肩相平；左臂稍彎，左捶靠於右肘下邊，拳眼緊對右肘，兩肩鬆動。身向下落，意在右捶，氣往下沉，丹田抱勁。目向前平視。下連十九式。

【用法】此式運用，左手握拳護於右肘，右捶隨向對方注意用之，並可鬆動兩肩，發展兩膝之力。

肘底著捶　第十八圖

第一段　第十九式

【解說】接前式，兩拳變掌，先用右手從上向後往前畫一圓形，左手從下向前伸開，隨收至右乳旁。左足不動，右足退後一大步，作為後弓式。左手向前伸開，右手後左手上邊復向後伸開，兩手心向外，右臂稍彎。重點落於右腿上。兩肩下鬆，氣往下沉。目視左手。下連二十式。

【用法】此式運用，兩臂與兩腿舒展胸部之力，如同張弓之勢，以防對方前進之意。

揚手退步　第十九圖

第一段　第二十式

【解說】接前式，右手從右後下邊向前抄。右足同時向前一大步，左腿伸直，作為右弓步式。右手從左肘底下抄過，手心向上，左手尖附於右脈邊，手心向下，兩手同時從左向前平畫一圓形，收至胸前。左膝稍曲（屈），隨向前下推，手尖向上。兩腿仍成右弓式。目隨手視。下連二十一式。

【用法】此式運用，引手變化之意，將手攦回使其落空，隨用兩掌向腹部或胸脇推按均可，並收柔活全身之效。

上步攬雀尾　第二十圖

第一段 第二十一式

【解說】接前式，兩足原地不動。右手先向內翻轉，手心向裡，左手同時與右手停於胸前，兩手相內，從膝前向下往左右兩邊分開。兩腿仍成右弓步式，一身重點落於右腿。兩手稍停於兩邊，手尖向下，手心朝後，兩肩下鬆。氣仍下沉，意在兩手，隨時變用。目隨手視。下連二十二式。

雙手分膝　第二十一圖

【用法】此式運用，對方或用拳足向我下部擊來，隨用兩手向下分開以禦之，並可發動全身之力。

第一段　第二十二式

【解說】接前式，右足不動。兩掌從下握拳不停，從左右兩旁向上畫一圓形，與對方兩耳前猛擊，兩臂稍彎，手心向前，虎口向下，兩拳距離約五六寸許。右足原地不動，仍伸直，左足隨向前邁開一大步，作為左弓式。兩肩下鬆，左膝蓋與左足尖相齊。目視兩拳。下連二十三式。

【用法】此式運用，倘遇對方雙拳擊來，即將伊手分開，隨向前上部邁進。此處酌宜慎用，可以發展手眼之力。

雙風貫耳　第二十二圖

第一段　第二十三式

【解說】接前式，兩足原地不動。兩拳伸開，兩手從上向左右兩邊緩緩落下，畫一圓形，兩手從下復向胸前交叉，左手在內，右手在外，兩手背向對，兩手尖與鼻尖相齊，兩手隨握拳，兩拳復變掌，從上向兩邊展開，兩臂稍彎。且勿挺胸，氣往下沉，仍成左弓式。目視兩手。下連二十四式。

【用法】此式運用，對方由前面用兩手攻入，隨用兩掌將伊手向外架開，隨即前進，可舒展兩臂之力。

鳳凰雙展翅　第二十三圖

第一段　第二十四式

【解說】接前式，左足原地不動，右足提起，於兩手向左右兩邊分開時，即向前平蹬，足尖朝上，面對正方，一身重點落於左足，左腿稍曲（屈）。兩肩鬆動，兩臂作一圓形，兩手在左右兩邊稍停，手心向前。含胸墜肘，氣仍下沉，腰塌著勁，兩手尖與眉相齊。目向前平視。下連二十五式。

【用法】此式運用，兩手分開之時，使攻者不防，隨用右足乘勢蹬之，並可發動全身之力。

二虎蹬山　第二十四圖

第一段　第二十五式

【解說】接前式，先用右足落於左足前邊，左足提起。右手隨向上伸直，左手向下伸。右足跟稍為抬起，足尖用力，以腰為軸，隨向左後轉，左足向前一步落地，作為左弓式。左手從下向左上架起，手心向前，左臂稍彎，右手同時向前下伸，與小腹平。氣往下沉，目視右手。下連二十六式。

後轉撩陰　第二十五圖

【用法】此式運用，使左手向下撥開對方之手或足，即用右掌向前邁進，並收柔活全身之效。

第一段　第二十六式

【解說】接前式，兩足原地不動。先用左手從右肘下邊向前盤出，手心向下，左手伸開時手心向上，右手心朝下，手尖附於左脈間。身隨向後落，右膝極力下曲（屈）。兩手收至胸前，從右向左平畫一圓形。身隨手遊動，兩肩鬆開，兩肘下墜，兩手仍收至胸前。目隨手視。下連二十七式。

【用法】此式運用，調和胸胃，舒展全身之力，柔軟腰部，並引對方前進落空，使其不備，以退為進。

盤肘攬雀尾　第二十六圖

第一段　第二十七式

【解說】接前式，兩足原地不動。仍用右手尖附於左脈間，兩手尖向上，隨向前緩推，以平為度；同時，用兩手並平，手心向下，往後緩收胸前。身向後下落，右腿曲（屈）。兩手稍為離開，手尖向上，復往前緩緩平推。氣往下沉，身同時前傾，左腿曲，右腿伸直，作為左弓式，目隨手視。下連二十八式。

【用法】此式運用，舒展腰部，柔活全身，發動兩臂兩足之力，並引其落空，用雙掌向前平推。

推窗亮格　第二十七圖

第一段　第二十八式

【解說】接前式，先用右手，從上向右後伸開。兩足不動，以腰為軸，右足尖著地，同時與身向右後轉，有柔化之意。左手在後，隨向前落下，停於胸前，右手從前向下，往後復向上往前下劈，手尖指地，兩肩鬆開。重點落於右腿，身向前下伏，兩膝曲，左足尖著地，目視右手。下連二十九式。

【用法】此式運用，腰脊伸縮，發動全身。倘對方用拳足擊來，隨用左手下按，右手平點或下擊均可。

海底針　第二十八圖

第一段　第二十九式

【解說】接前式，兩足原地不動，身稍為抬起，一身重點仍在右腿上，右膝極力下曲（屈），左腿稍為用力，足尖著地，膝亦稍曲。先用右手同時從前向上架起，至於頭頂，臂稍彎曲，手心向外；左手從胸前，隨用力緩緩向前平推，手掌向前，身稍偏右。兩肩鬆開，氣往下沉，目視左手。下連三十式。

【用法】此式運用，為對方從正面進擊時，用右手上架，左掌隨向右脇下，或胸部推按均可，並能舒展全身，發動右膝之力。

左通臂　第二十九圖

第一段　第三十式

【解說】接前式，左足原地不動，右足向前一大步，左腿伸直，作為右弓式。隨用左手從前向上架起，至於頭頂後，手心向外，臂稍彎；右手同時由右肩窩向前緩緩平推，手掌向前，手心偏左，右臂與肩平。重點暫落右足，兩肩鬆開，腰塌著勁，右肘與右膝相對，目視右手。下連三十一式。

【用法】此式運用，為對方用手上打，隨使左手反刁其手腕，以右手托肘，或平進均可，並能發展全身之力。

右通臂　第三十圖

第一段　第三十一式

【解說】接前式，兩足原地不動。隨用右手向下，與左手同時向後握，左手心向上，右手心向下。身隨後落，左膝曲（屈）。用兩手向前掤，左手尖附與右脈間，成右弓式；右手心向上，左手心向下，往右平畫一半圓形，收至胸前，手尖向上。身仍後落，復向前緩推，仍成右弓式，目視右手。下連三十二式。

【用法】此式運用，將兩手握回向前平雲，為引進落空之計，乘勢平進，或微向上方均可，並能柔活全身之力。

攬雀尾　第三十一圖

第二段　第三十二式

【解說】接前式，右足不動，用左足偷至右腿後邊，身向下落。隨用左手插於右臂下，右手從下向左而前畫一圓圈，左手亦隨後從上收至胸前，右手攬至左臂外，兩手交叉，隨握拳，手背相對。右足向右平蹬。兩手同時向左右分開，右手對右足尖，左手停於左方，目視右手。下連三十三式。

攬手右蹬腳　第三十二圖

【用法】此式運用，對方從右面進擊時，隨用右手向上引，用右足向脇下蹬之，並鬆動兩肩，發展兩腿之力。

第二段　第三十三式

【解說】接前式，左足原地不動，身向左後轉，左足尖用力，隨磨同時將右足收回，落於左足後邊。兩手合在胸前，手心相對，手尖朝上。一身重點落於右足，隨用左足向左平蹬。兩手同時向左右分開，左手對左足尖，右手停於右方。右腿稍曲（屈），兩肩下鬆，目視左手。下連三十四式。

【用法】此式運用，對方從左前進時，用左手上引，隨用左足向胸脇下蹬之，並可發動全身之力。

轉身左蹬腳　第三十三圖

第二段　第三十四式

【解說】接前式，右足原地不動，左足落於前方，落地時足尖偏左，身向下落，右足尖著地，右膝極力下曲（屈），右腿盤於左腿下邊。左手疊至腰平，手心向上，肘向後收；隨用右手從後邊向上往前下捕，手心向下，五指稍為離開。含胸援背，兩肩下鬆，氣往下沉，目視右手。下連三十五式。

【用法】此式運用，如對方進擊時，可用左手下撥，使右掌向前中下部酌進，並可發動全身之力。

右龍形式　第三十四圖

第二段　第三十五式

【解說】接前式，左足原地不動。先用右手向下收至左肩，復向前翻轉，收回疊至右腰平，手心向上，肘向後收。右足同時向前一步，落地時足尖偏右，左膝極力下屈，左腿盤於右腿下邊，足尖著地，身向下落。同時用左手向上往前下捕，五指稍為離開，手心向下，目視左手。下連三十六式。

【用法】此式運用，動作與前相同，惟變換左右手足而已。倘遇對方進擊時，攻守均可，並能發展全身之力。

左龍形式　第三十五圖

第二段　第三十六式

【解說】接前式，先用左足向左前方邁開一大步，隨用右足亦向前，與左足併攏，身向下落，兩膝並齊，稍向下屈。左手同時停於胸前，左臂稍彎，肘向下墜，手尖向上，小指向前；同時用右捶向前平打，虎口向上，與右肩相齊。兩肩下鬆，氣往下沉，含胸援背，目視右拳。下連三十七式。

上步指膛捶　第三十六圖

【用法】此式運用，對方用手進擊，即使左手挑開，用右捶乘勢前進，並能發動兩膝之力。

第二段　第三十七式

【解說】接前式，右足原地不動，先用左足退後一大步，身向後落，左膝屈。同時用左手向右肘下往前盤出，兩手交叉，手心向下，收至胸前。身仍向後落，左膝屈。兩手隨緩緩用力往前平推，手尖向上，兩手心又向下，收至胸前，復往前平推，手尖向上成右弓式。目視兩手。下連三十八式。

【用法】此式運用，身往後落，引伊前進落空，使其不防，隨用兩掌向前平推，並可柔軟腰部，發展兩臂與兩腿之力。

盤肘右平推　第三十七圖

第二段　第三十八式

【解說】接前式，兩足原地不動。兩手向下往後擺，左手心向上，右手心向下，用力級緩從下往後收至左後邊。身向後坐，左腿屈，右腿伸直。隨用右手向前橫推，左手尖附於右脈間，身同時往前緩緩掤擠，右手與肩相平。兩腿仍成右弓式，丹田抱勁，身微前傾，目視右手。下連三十九式。

手還原　第三十八圖

【用法】此式運用，對方用手進擊時，隨用兩手下擺，使其落空，即向前掤擠均可，並且活潑全身之力。

第二段　第三十九式

【解說】接前式，兩足原地不動。先用左手從上向左雲開，手心向內，伸開時手心向外。身同時隨左手向左傾，兩腿成左弓式。隨用右手從下向左雲至左邊，手心向內，即從下向上往右雲開，手心向外。身亦向右傾，兩腿成右弓式。左手在左下邊手心向下，目視右手。下連四十式。

【用法】此式運用，對方從左上擊來，使左手挑開，右手乘勢向下擊之；倘從右上進擊，用右手挑開，左手向下擊之。

左右雲手　第三十九圖

第二段　第四十式

【解說】接前式，用左手從下向右雲至右肩齊，右手向下伸開，隨用左手從上向左雲至左下邊，手心向下。右足同時向左足併攏，兩腿下屈。右手同時從下向左往右上雲，落至右下邊，手心向下。左足向左一大步。左手同時從左下向右，往左上雲開，手心向內，成左弓式。目視前方。下連四十一式。

【用法】此式運用，對方從側面進擊時，用左手向上翻打，右手亦可下刁，左右手乘勢用之，並且活潑全身之力。

活步雲手　第四十圖

第二段　第四十一式

【解說】接前式，左足原地不動，右足與左足併攏。左手同時向左下伸開，手心向下；右手從下向左雲至左肩齊，手心向內，隨向上往右邊雲，落於右下邊，手心向下；隨用左手從下向右雲至右肩齊，手心向內，左足同時向左一大步，右足與左足併攏，兩腿下屈，目視左手。下連四十二式。

【用法】此式運用，姿勢與前式相同，惟左右手足變換用之均可，且能活潑全身之力。

活步雲手　第四十一圖

第二段　第四十二式

【解說】接前式，先用左手從右向左往上雲開，落至左下邊，手心向下，臂稍彎曲。右足不動，左足同時向左邊邁一大步，稍向左弓，兩膝稍屈。右手亦同時從右向下往左雲開，臂隨彎曲，手心向下，雲至左肩相齊。兩肩鬆動，氣往下沉，目向前視。下連四十三式。

【用法】此式運用、姿勢亦與前同，所異者亦惟左右手變換用之而已。

活步雲手　第四十二圖

第二段　第四十三式

【解說】接前式，左足不動，右足先退後一步。右手同時從上落於右後邊，手心向下。右膝屈，左足尖稍為落地，作為丁字式。左手隨向前收回，停於胸前，右手從下向前，亦屈至胸前，兩手交叉，右手在左手外邊，手背相對，手尖朝上，如十字形。含胸墜肘，氣往下沉，目視前方。下連四十四式。

【用法】此式運用，對方從後面擊來，即用右手向其面部翻擊之，並可防止前來進擊，及柔軟腰臂之力。

丁步十字手　第四十三圖

第二段　第四十四式

【解說】接前式，右足原地不動，先用左足抬起。同時，用左手從右肘下邊超過，手心向上。左足隨向左邁開一大步，左膝極力下屈，作為左弓式，右腿伸直。左手伸至左上邊，身斜靠左腿。右手隨向右後伸開，兩臂稍彎，兩肩下鬆兩手心相對。氣仍下沉，目視右手。下連四十五式。

斜飛左靠　第四十四圖

【用法】此式運用，對方從左面前進，即用左腿落於伊腿後邊，身靠彼方，用左臂擠之，並且發動兩臂及兩腿之力。

第二段　第四十五式

【解說】接前式，左足原地不動，先用右足抬起。同時用右手從左肘下邊超過，手心向上。右足同時向右邁開一大步，右膝極力下屈作為右弓式，左腿伸直。右手伸至右上邊，身斜靠右腿，左手隨向左後伸開，兩臂稍彎，兩肩下墜，兩手心相對。氣仍下沉，目視左手。下連四十六式。

【用法】此式運用，對方從右面前進，隨用右腿落於身後，即靠其身，用右臂擠之，並舒展全身之力。

斜飛右靠　第四十五圖

第二段　第四十六式

【解說】接前式，右足原地不動，先用左足抬起。同時用左手從右肘下邊超過，手心向上。左足同時向前邁開一大步，左膝下屈，作為左弓式，右腿伸直。左手伸至正前面，手心向內，身亦同時前傾，右手隨向後伸開，手心向下，兩臂稍彎，兩肩鬆開，目視左手。下連四十七式。

正分式　第四十六圖

【用法】此式運用，對方從正面進擊時，使左腿落至後邊，隨靠其身，用左臂擠之，並發動全身之力。

第二段　第四十七式

【解說】接前式，兩足不動。先用右手向前，從左臂上邊盤過，左手同時從右肘下盤出，手心向下，兩手收至胸前，手尖向上。右腿後屈。兩手隨向前平推，兩腿作為左弓式。兩手復往後收，手心向下，收至胸前，手尖向上，右腿後屈，兩手復往前平推，仍成左弓式。目隨手視。下連四十八式。

【用法】此式運用，對方或左右掌進擊，用兩手撥開，身隨後落，引敵前進，再用兩掌向前平推。

盤肘左平推　第四十七圖

第二段　第四十八式

【解說】接前式，兩足原地不動。兩手順直，右手翻轉，手心向上，左手心向下，右手尖靠於左脈後邊，緩緩用力從下往後收至右後邊。右膝極力下屈，成為右後弓式，左腿伸直。隨用左手向前橫推，右手附於左手內。兩腿同時往前，作為左弓式。兩臂稍彎，目視左手。下連四十九式。

【用法】此式運用，對方使手進擊胸部，用兩手下擺，使其身向前伏，隨向前掤擠均可，並能柔軟腰部，發展兩臂之力。

擺手還原　第四十八圖

第二段　第四十九式

【解說】接前式，兩足原地不動。先用右手從上向後繞開，仍成右弓式，隨從下向前引手，左手在內，右手停於胸前，身同時立起，手尖向上，隨用左手從下向右手外邊繞過，作為刁手上提，兩手尖上下相對。右腿同時向前平抬。右肘下墜。右足尖向下，重點落於左腿，目向前視。下連五十式。

右高探馬　第四十九圖

【用法】此式運用，對方以手進擊，用右手撥開，左手上引，隨用右膝上抬，向其下部等處進攻。此動慎用之。

第二段　第五十式

【解說】接前式，先用右足向前半步，落地時，隨用右手從下向左臂外邊繞過，作為刁手，隨向上提起，過於頭頂；左手隨落下，停於胸前，手尖向上，兩手尖上下相對。左腿同時即向前平抬，足尖向下。左肘下墜，兩肩鬆開，氣往下沉，一身重點落於右腿，目向前平視。下連五十一式。

【用法】此式運用與前勢相同，惟左右手足變換用之，並且柔活兩臂，發動右腿之力。

左高探馬　第五十圖

第二段　第五十一式

【解說】接前式，右足原地不動，左足隨向前邁開一大步，作為左弓式。隨用左手向前往上架起，停於頭頂上邊，臂稍彎曲，手心向前；同時用右手收至右肩上，用力緩緩向前平伸，與右肩相平，手心向下，手尖向前。兩肩鬆開，氣仍下沉，意在右手，目向前平視。下連五十二式。

透心掌　第五十一圖

【用法】此式運用，對方以拳進擊時，用左手上架，即使右掌向前平點。此動慎用。且能鬆動兩肩，發展兩膝之力。

第二段　第五十二式

【解說】接前式，兩足原地不動。先用左手從右手下邊向前伸出，兩手同時翻轉，手心向內，小指相對。身隨往後落，右腿極力下屈。成為右後弓式，左腿伸直。兩手再同時從胸前向前翻轉，手心向前，緩緩用力往前平推。兩腿仍成左弓式。鬆肩墜肘，氣往下沉，目隨手視。下連五十三式。

封閉歸山　第五十二圖

【用法】此式運用，對方以兩手進擊時，隨用兩手閉回，引其前進，將兩手挑開，向腹部推之，並以活潑兩臂之力。

第二段　第五十三式

【解說】接前式，右足原地不動。用兩手同時從左邊下按，手心向下，身隨立起，右手停於胸前，手尖向上，左手伸至左後邊，作為刁手。右腿稍彎，隨用左足提起，往左後邊撐開一大步，作為右弓式。右手從前收至右腰平，手心向下；左手同時向前平推，手尖向上。目視左手。下連五十四式。

【用法】此式運用，對方從左側面前進時，用右手刁其手腕，左腿即向後撐，左臂同時平進，作撼山之勢。

左倒輦猴　第五十三圖

第二段　第五十四式

【解說】接前式，左足原地不動。先用兩手從右邊下按，手心向下，身隨立起，左手停於右肩前，手心向外，右手伸至右後邊，手心向下。左腿稍彎，隨用右足提起，向右後撐開一大步，作為左弓式。左手從前收至與左腰平，手心向下，右手同時向前平推，目隨手視。下連五十五式。

【用法】此式運用與前勢相同，倘敵進擊，惟左右手足變換用之，並可使手足敏捷。

右倒攆猴　第五十四圖

第三段　第五十五式

【解說】接前式，兩足不動。先用右手從上往後伸開，身同時向後轉，左手亦從上向後伸開，右手又從下向後循上往前繞一圓圈，隨向後伸開，作為刁手，手心向左。左足同時邁開一大步，作為左弓式。左手從右肩下往前伸開，臂稍彎曲，手尖向上，目向右後望。下連五十六式。

【用法】此式運用，對方從背後進擊時，隨翻身右手攔之，左足落於伊身後邊，左手隨向上挑，力能撼動。

右回頭望月　第五十五圖

第三段　第五十六式

【解說】接前式，右足不動。先用左手從下向懷收。左足同時抬起，隨落原地。左手復向上往前伸開，右手隨由後向上往前伸開。右足隨向前邁開一大步，作為右弓式。左手隨向後伸，復向上往前繞一圓形，向後成為刁手，右手從左肩下往前伸開，手心向前。目向左後望。下連五十七式。

【用法】此式運用，與前勢相同，如對方進擊時，惟左右手足變換用之，並可收柔活全身之效。

左回頭望月　第五十六圖

第三段　第五十七式

【解說】接前式，右足原地不動。先用右手從前向下往後伸開，隨握拳，左手亦從上往前伸開。左足同時又向前邁開一大步，作為左弓式。左手停於右乳前，手心向右，手尖朝上；右手由後向上往前下栽捶，虎口向左。身亦隨向前伏，兩肩鬆動，氣往下沉，目視右手。下連五十八式。

【用法】此式運用，對方以正面進擊，用左手向前按之，即使右拳向前進。此動慎用。並可發展兩膝之力。

攻式栽捶　第五十七圖

第三段　第五十八式

【解說】接前式，左足原地不動，足跟稍抬，足尖用力，同身隨向右後轉。右捶亦同時隨身從上向前翻打，落於右腰平，手心向上。右足同時向右稍為移動，作為右弓式。左手同時從後向前平伸，手尖向上，與肩相齊。兩肩鬆開，氣仍下沉，腰塌著勁，目視左手。下連五十九式。

【用法】此式運用，對方從後面進攻，隨翻身用右捶翻擊伊之面部，或用左掌平進，右捶撇於腰間乘勢攻之。

轉身撇捶　第五十八圖

第三段　第五十九式

【解說】接前式，兩足原地不動。先用左手從前往右邊下撥，稍停右肩，右手隨時向後伸開，左手復從上往前伸出，隨由下收與左腰平，手心向上。左足隨向前邁開一大步，腿稍下屈。右手同時從後向上往前平打右腳背。兩肩鬆開，稍為含胸，身稍前傾，目視右手。下連六十式。

【用法】此式運用，對方以右足踢來，隨用左手撥開或下按，右手上引，即用右足前踢。

上步飛腳　第五十九圖

第三段　第六十式

【解說】接前式，左足原地不動，右足落地時，隨向前成右弓式，左腿伸直。左手從後向上往前伸開，隨向下收回停與左腰平，手心向上；右手同時從前向下收回胸前，隨向前往下擊探，手尖向前。兩肩下鬆，身向前下伏，右膝極力下屈，含胸拔背氣，仍下沉，目視右手。下連六十一式。

【用法】此式運用，對方用手進擊時，隨用左手下撥，即使右掌向其腹部推擊均可，並能發展全身之力。

夜叉探海　第六十圖

第三段　第六十一式

【解說】接前式，左足原地不動，先用右足向後退至左足後邊，足尖用力，足跟抬起，右膝極力下屈盤於左膝下邊，一身重點落於右腿上。右手從前收於右腰平，手心向上，肘稍後收；隨用左手從胸前向下往上架起，與頭頂相齊，手心向前。氣往下沉，目視左手。下連六十二式。

【用法】此式運用，對方或用手足進擊時，將身後落，使其落空，乘勢用右掌擊之，並運動兩膝之力。

退步坐盤　第六十一圖

第三段　第六十二式

【解說】接前式，右足原地不動。先用兩手併於胸前，手背相對，隨從左膝前向兩邊分開，隨向上伸，身同時立起。左手停於胸前，手尖向上；右手同時架於面前，手心向前，兩臂彎曲。左腿隨向上抬平，足尖向下，右足獨立，一身重點落於右腿上，目向前平視。下連六十三式。

【用法】此式運用，對方進擊時，用左手上引，右腿箭彈，用意在右足。此動慎用。並可發動右腿之力。

鷹雞獨立　第六十二圖

第三段　第六十三式

【解說】接前式，右足原地不動，左足先向左邊伸開一大步，左腿伸直，右膝極力下屈，身同時往下沉，向左前伏。兩手亦隨向下往前緩緩下探，左臂伸直，右臂稍彎，右手尖附於左脈後邊，兩小指向下，近地順直，左手超至左足尖齊為度，兩肩下鬆，目視左手。下連六十四式。

【用法】此式運用，對方前進時，或上打猛撲，隨將身下避，使其落空，用左手上引，右掌平進，或用右腿箭彈均可。

紫燕點水　第六十三圖

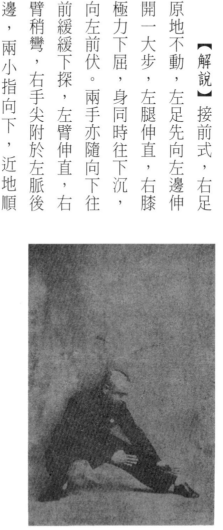

第三段　第六十四式

【解說】接前式，左足不動。兩手向上伸開，向同時立起，右手從上向右邊繞至胸前，左手亦從上向下繞至右手外。隨用右足向左足後邊偷步，足尖著地，右膝盤於左膝下，兩手向左右伸開，左手後刁，右手尖向上。左足向前提起，往左擺，左手隨向左足背片打，目視前方。下連六十五式。

【用法】此式運用，對方從左側面進擊時，隨閃身下落，使其不防，即用左手上引，以左足向脇下踢之。

左擺蓮　第六十四圖

第三段　第六十五式

【解說】接前式，右足原地不動，左足偏左，落地時隨用右足向前邁開一步，作業右弓式，左腿伸直。左手同時往下向左上架起，手心向外稍往後收，臂亦彎曲；隨用右掌從右肩旁用力緩緩向前平斬，右臂伸直，手掌向前，與右肩相齊。氣往下沉，目視右手。下連六十六式。

上步斬胸　第六十五圖

【用法】此式運用，對方使右手或上下進擊時，以左手下撥或上架，隨用右掌平進下擊均可。

第三段　第六十六式

【解說】接前式，右足不動，左足向前一步。隨用左手從右肘下邊盤過，手心向上，往前伸開，右手同時又向前從左臂上盤過，左手同時向右肘下盤出，兩手心向下收至胸前，身向後落，兩手尖朝上，往前平推成左弓式，兩手復收回，仍向前平推，兩肩鬆動，目隨手視。下連六十七式。

【用法】此式運用，敵以右掌進擊，用兩手下攦，使其落空，雙掌乘勢推其胸部，寓以柔克剛之意。

盤肘平推　第六十六圖

第三段　第六十七式

【解說】接前式，右足跟稍抬，足尖著地，兩足原地隨身向後轉。右手隨從上向前往下向後伸開，左手亦從上向前伸開，收回停於右脇下。左足同時向前一大步，右腿極力下屈，身往下沉，一身重點落於右腿。右手從後復向上往前下劈，小指近地，手心向內。目視前方。下連六十八式。

【用法】此式運用，對方從後面進擊時，隨翻身下避，引其前進，以便乘勢攻之，並可柔軟腰部發動兩腿之力。

臥虎翻身　第六十七圖

第三段　第六十八式

【解說】接前式，左足原地不動，身往上起。先用右手從下向前引，從上落於後邊，手心向下；隨用左手從下向前伸開，手心向前，手尖與眉相齊。同時用右足向前往膝下斜蹬，足尖偏右，足跟用力，左膝稍向下屈，重點落於左腿。兩肩下鬆，氣往下沉，目視左手。下連六十九式。

引手右蹬膝　第六十八圖

【用法】此式運用，對方向我猛進或上擊，用右手上引，左手架開，隨用右足向其膝下斜蹬，並可舒展兩臂及兩腿之力。

第三段　第六十九式

【解說】接前式，先用右足向前落地。隨用左手從前向上往後伸開，稍往下落，手心向下，隨使右手從下向前伸開，手心向前，手尖朝上，與眉相齊。同時用左足向前往膝下斜蹬，足尖偏左，足跟用力，右膝稍向下屈，重點落於右腿。兩肩下鬆，氣仍下沉，目視右手。下連七十式。

引手左蹬膝　第六十九圖

【用法】此式運用，與前勢相同，惟左右手足變換用之，倘對方進擊，用左足亦往膝下蹬之。

第三段　第七十式

【解說】接前式，左足落地。隨用右手從下向左後往前繞，停於右腰平，手心向上，即用左手由後向上往前下採。身同時下屈，右足尖著地，左腿屈，右膝盤於左腿下。隨用右捶從下向上沖打，虎口向後上斜，手心向左；左手護於右肘下，手背向上。身向前傾目視右捶。下連七十一式。

採手沖天炮　第七十圖

【用法】此式運用，對方以右手進擊，先用左手下採，隨用右拳擊其面部，左手同時防護右肘之用。

第四段　第七十一式

【解說】接前式，左足不動。先用右足向前一步，隨用右手從上向下，往左邊繞一圓圈，停於右邊；同時，左手從下往左上繞。左腿提足，隨身向左後轉，成為左弓式。左手從上向下往左上架捶，臂稍彎曲，手心向前虎口向下，隨用右捶向前平打，手心向下，目視右捶。下連七十二式。

【用法】此式運用，對方由背後進擊時，隨轉身用左手摟開伊之手或足，即使右拳平進，並可發動全身之力。

轉身頂心捶　第七十一圖

第四段　第七十二式

【解說】接前式，左足原地不動，右足向前一步。隨用右捶向胸前收回，右肘前進。左足隨向右足後邊偷步，兩膝下屈，左膝盤於右膝下邊，足尖著地，身向下落，重點坐於左腿上。即用右掌從左邊向右上翻打，手心向上；左手停於右肘下邊，手心向下，兩肩鬆動，目視右手。下連七十三式。

【用法】此式運用，對方從正面擊來，將身下坐，使其落空，先進右肘頂之，隨迎面翻打，左手以作防右肘之用。

迎面掌　第七十二圖

第四段　第七十三式

【解說】接前式，兩足原地不動。左掌停於右脇下，用右掌往下向左邊繞，隨向上往右上邊伸開。同時用右足向前提起，往右擺開，左腿原地稍向上起，重點落於左腿。右手復向右片打右足背，左手同時向下往後伸開，手心向下，兩肩鬆展，氣向下平，目視右手。下連七十四式。

【用法】此式運用，對方以右面進擊，用右手上引使其不防，隨時用右足向其脇下踢之，及發動左腿之力。

右擺蓮　第七十三圖

第四段　第七十四式

【解說】接前式，右足落地。右手同時向上架開，手心向上。左足即向前一步，作為左弓式。右手隨向前打掌，手尖向上，右手從上收至右後邊，左手亦向後停於右肩傍。兩腿成為右弓式，右手同時往前打掌，手尖向上，左手繞至左腰平，手心向上，仍成左弓式。目視前方。下連七十五式。

【用法】此式運用，對方以右掌擊來，用右手架開，使左掌平進之。如對方用右足踢來，身向後避，使左手刁開，用右掌前擊中部。

連環掌　第七十四圖

第四段　第七十五式

【解說】接前式，右足原地不動，先用左足退後半步，足尖著地，足跟稍抬，作為丁字式。右手向後收至與右腰平，手心向上。右膝稍向下屈，一身重點落於右腿上。左手同時向前伸出，稍往下捕，手心向下，五指稍為離開。兩肩下鬆，氣沉丹田，內有擒獲之意，目視左手。下連七十六式。

【用法】此式運用，對方以足踢來，隨將腿撤回，用左手下按，使右掌擊其腹部，並可發動兩膝之力。

金龍探爪　第七十五圖

第四段　第七十六式

【解說】接前式，左足原地不動，右足隨向前一大步。右手從左肘下邊盤過，隨用左手附於右脈邊，從左向前往右肩上雲一圓形。身隨向後落，左膝下屈，鬆肩墜肘。兩手復從右肩旁用力緩緩向前平推，手尖朝上，左手隨右手同伸。兩腿仍成右弓式。目視右手。下連七十七式。

【用法】此式運用，作引入之計。將手撥開，使其落空，隨用兩掌向胸部推之，或用右腿至於身後，使右手從肘下往其上挑均可。

上步攬雀尾　第七十六圖

第四段　第七十七式

【解說】接前式，兩足原地不動。先用左掌由右邊向左下緩緩進擊，手掌向前，手尖向上。身亦同時向左後轉，兩足尖稍向左移動，兩腿作為左弓式，腰塌著勁，身向左前下伏，右腿伸直。右手停於右後邊，稍向上斜伸，作為刁手。兩肩鬆開，氣往下沉，目視左手。下連七十八式。

【用法】此式運用，對方以順手進擊，用左手稍領其臂，使其身往前傾，隨用左掌推按均可。

斜單鞭　第七十七圖

第四段　第七十八式

【解說】接前式，兩足原地不動。先用左手從左邊向下往後伸開刁手，右手從後向上往前，向左足外邊下刁，隨向上繞起，作為刁手，與鼻尖相對。右足抬起，往前一步，似孔雀行動。右手又從上向下往右足外邊，向後伸開刁手，左手從腰旁向前伸開，成右弓式。目視前方。下連七十九式。

右孔雀步　第七十八圖

【用法】此式運用，對方以右手進擊，或左足踢來，用右手先撥伊手，隨摟開左足，用左掌平地。

第四段　第七十九式

【解說】接前式，兩足原地不動。先用左手向下後右足外邊，向上繞起，作為刁手，與鼻尖相對。左足抬起，隨向前一步，亦如孔雀行動。左手又從上向下往左足外邊，向後伸開作為刁手，右手從腰旁向前伸開，手尖向上。兩腿成為左弓式，身稍前傾，目向前視。下連八十式。

【用法】此式運用，與前勢相同，惟左右手足變換用之，並可柔活全身及發動兩腿之力。

左孔雀步　第七十九圖

第四段　第八十式

【解說】接前式，左足不動，先用右足向左前邁開一步。左手往前停於右臂下，兩手向左右繞一圓形。身同時向左後轉，左足隨向向左一步，成為左弓式，右腿伸直。左手隨由下往左上架起，手心向外，右手隨身向左臂下橫推，手心向左。鬆肩墜肘，氣往下沉，目向前視。下連八十一式。

【用法】此式運用，對方以右手從左面進擊時，用左腿順上，右手推其肘，或用左手下撥，右掌擊脇下均可。

玉女左穿梭　第八十圖

第四段　第八十一式

【解說】接前式，右足不動。右手停於左臂下，左足隨向右邁開一步，兩手向左右繞一圓形。身同時向右後轉，右足隨身向右一步，成為右弓式，左腿伸直。右手隨由下往右上架起，手心向外；左手隨身向右臂下橫推，手心向右。兩臂稍彎，鬆肩墜肘，氣仍下沉，目向前視。下連八十二式。

【用法】此式運用，對方以右側面進擊時，附轉身用右手纏其手臂，向外撥開，用左掌進其脇下。

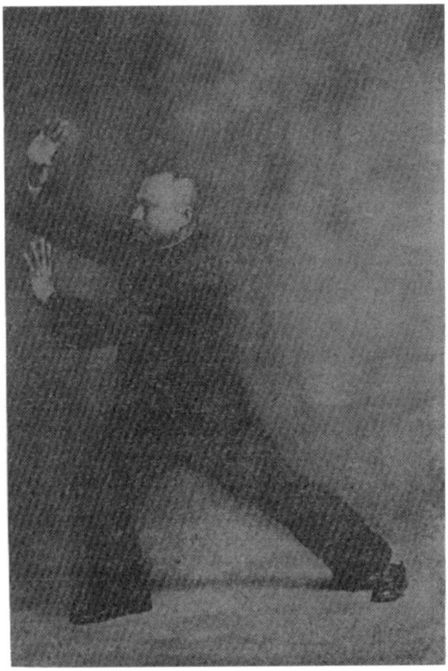

玉女右穿梭　第八十一圖

第四段　第八十二式

【解說】接前式，兩足原地不動。先用右手從上向後往前繞一圓形，從左臂上邊收回，停於左肘下；左手同時從下向前亦繞一圓圈，停於前方，手尖與頭頂相齊。鬆肩墜肘，兩臂稍彎，兩手尖均向上。身向下坐，重點落於右腿，左足隨向前半步，足跟著地。目視左手，下連八十三式。

【用法】此式運用，對方向我右手腕握之，將手後撤，隨用左手向其胸或脇下推進。

手揮琵琶　第八十二圖

第四段　第八十三式

【解說】接前式，左足不動，右足向前一步。右手從左肘下穿過。身同時向左轉，左腿向左伸直。左手挨地超至左足尖齊，復向上提起，收回胸前，往前平伸，手尖向上；右手同時由下向前，從左手前邊向上，往後亮開，手心向下。身往後坐，右腿屈，左腿伸直，足跟著地。目視左手。下連八十四式。

【用法】此式運用，對方進擊時，使右手從下向上引，隨用左掌擊其胸部，並可伸縮腰臂之力。

白鶴亮翅　第八十三圖

第四段　第八十四式

【解說】接前式，兩足原地不動。先用右手向後繞，隨從下向前提起，停於耳旁，手尖向上，手心向左。右腿同時極力下屈，復向上抬平。左手向後刁。身隨向下落，稍向前傾，兩膝下屈，左足亦抬起。左手從下向前停於左耳旁，手尖向上，手心向右，右手亦向後刁。目向前視。下連八十五式。

【用法】此式運用，對方以猛力撲來，或手擊之，將身下伏，使其落空，隨用右手上引，右膝上抬，酌量用之，左右手足變換均可。

猿猴出洞　第八十四圖

第四段　第八十五式

【解說】接前式，左足落地。左手向下往左上架起，右手向前平伸。右足隨向前半步，落於左足尖前。即用兩手向上往兩邊分開，收回貼於腹前，手尖向上，手心相對。左足同時向前一步，身向下落，右腿極力往下屈。兩手從下向前推出。兩腿成為左弓式。目視兩手。下連八十六式。

【用法】此式運用，對方從上進擊時，用兩手向上架開，左腿至其身後，身向下落，隨用兩手向小腹推之。

喜鵲撲門　第八十五圖

第四段　第八十六式

【解說】接前式，兩足原地不動。隨用左手從右下邊界盤過，兩手交叉，手心向下，往後收至胸前。身隨向後落，右膝屈。兩手尖向上，用力緩緩往前平推。兩腿作為左弓式。兩手又收回胸前，右膝屈，手尖朝上，兩手再往前平推，兩腿仍成左弓式。兩肩鬆開，目隨手視。下連八十七式。

【用法】此式運用，對方前進，身往後落，使其不防，隨用兩掌推其胸部，並可柔軟身體變化敏捷，以發動全身之力。

盤肘平推　第八十六圖

第四段　第八十七式

【解說】接前式，兩足原地不動。先用右手從上向右後伸隨往下向前繞一圓形。左足抬起。兩手停於胸前，兩肩下鬆，右手在上，手心向下；左手在下，手心向上，兩手隨往前後分開。左足同時向左後邁開一大步，作為左弓式。左手停於左上邊，右手停於右下邊。目視右手。下連八十八式。

【用法】此式運用，對方直向我胸進擊，隨用右手按其手腕，左腿至於身後，即用左手從腋下猛擊或上挑之。

野馬左分鬃　第八十七圖

第四段　第八十八式

【解說】接前式，左足不動。先用右手從上，向右後邊從下往前繞一圓形，手心向上。右足同時抬起。兩手停於胸前，左手在上，手心向下；右手在下，手心向上，兩手隨往前後分開。右足同時往右後邊邁開一大步，作為右後弓式。左手停於左下邊，右手停於右上邊。目視左手。下連八十九式。

【用法】此式運用，與前勢相同，惟左右手足變換用之，並且發動兩臂與兩腿之力。

野馬右分鬃　第八十八圖

第四段　第八十九式

【解說】接前式，右足原地不動，足跟稍為抬起。左手停於右臂下，右手向左下伸。左足抬起，隨身往左後轉，邁開一步，作為左弓式。同時兩手向左右繞一圓形，左手隨從下往左上邊架起，手心向外；右手隨從右邊向左臂下橫推，手心向左，兩臂稍彎，鬆肩墜肘，目向前視。下連九十式。

【用法】此式運用，對方以左手進擊，用左手摟開，隨使右掌擊其脇下，或推左肘均可，並且柔活全身。

玉女左穿梭　第八十九圖

第四段　第九十式

【解說】接前式，右足不動。右手停於左臂下，左手向右下伸。左足隨向右邊邁開一步，身同時向右後轉，右足隨向右邊邁開一步，成右弓式。兩手同時往左右繞一圓形，右手從下往右上邊架起，手心向外；左手從左往右臂下橫推，手心向右。兩臂稍彎，鬆肩墜肘，目向前視。下連九十一式。

【用法】此式運用，與前勢相同，惟左右手足變換用之，並且柔活全身及發動兩腿之力。

玉女右穿梭　第九十圖

第四段　第九十一式

【解說】接前式，先用左足向左前方邁開一大步，與右足相對，右足隨向前看與左足併攏，兩膝稍往下屈。右手握拳，從後往下向前上翻打，高與眉齊，手心向前；左手亦同時握拳，從下往前靠於右肘旁，手心向下。兩臂稍彎，兩肩鬆開，氣往下沉，目向前平視。下連九十二式。

【用法】此式運用，對方以右拳進擊時，隨使左手撥開，用右拳擊其面部，或擊下頜均可。

上步七星　第九十一圖

第四段　第九十二式

【解說】接前式，兩足原地不動。先用右手從下，向左上邊往右繞一圓形，停於左臂；下左手隨時從下往左而上繞一圓形，停於左邊，成為刁手。右足退後一步，身向下落，左足亦退後，成為丁式，左腿隨抬起。右手從下向右伸開，停於右上邊，手尖向上。目視前方。下連九十三式。

退步跨虎　第九十二圖

【用法】此式運用，對方從上擊來，用右手撥開；如用足踢來，使左手下採，身向後撤，隨用右足箭彈。

第四段　第九十三式

【解說】接前式，右足原地不動，右膝稍屈。隨用兩手停於左脇下，手尖相對，手心向下。右足尖用力，足跟稍抬，隨向右後轉一圓圈，面仍向前方。右臂向右上伸開，手尖向上，左手停於右肩下。左足落地，右足隨抬起，由左向右擺開。兩手往右足背上，向左接連片打。目視前方。下連九十四式。

轉身雙擺蓮　第九十三圖

【用法】此式運用，對方以右面進擊時，即閃身避之，用手上引，隨轉身用右腳踢其脇下。

第四段　第九十四式

【解說】接前式，右足落地時，隨向右前方邁開一步，作為右弓式。兩手握拳，向右前方平伸，手心向下。左足隨向右足後，提起稍停。兩拳收至胸前。左足隨向左邊邁開一步，右足與左足併攏，兩腿稍屈。同時用兩拳向左前方平伸，手心向下，虎口相對。兩肩鬆動，目視兩手。下連九十五式。

左右雙撞捶　第九十四圖

【用法】此式運用，對方從左右面進擊時，乘勢用雙捶向其胸部平進，並可發動兩臂與兩膝之力。

第四段　第九十五式

【解說】接前式，兩足原地不動。兩拳交叉，左拳在下，手心向上；右拳在上，手心向下，隨時翻轉，左拳復從右拳外邊，向下往裏翻轉，左拳在上，右拳在下，兩手心向外停於胸前。右足同時向後退一步，右膝稍屈，左足隨退半步，作為丁式，足跟著地。鬆肩墜肘，目視前方。下連九十六式。

陰陽合手　第九十五圖

【用法】此式運用，對方將我下腰抱起，隨使左手按其頭部，右手隨推下頷，兩手合翻用之。

第四段　第九十六式

【解說】接前式，先用左足向後退一大步，落於初式地點，右足亦隨向後退一大步，兩足離開距離，仍與兩肩相齊，平身正立。兩拳隨放開，向兩脇傍平收，手心向下，手尖向前，五指稍為離開，兩手緩緩隨往下按。兩肩鬆開，氣沉丹田，呼吸自然，目向前平視，始終相同，仍歸原位。

太極還原　第九十六圖

【用法】此式運用，與開始相同，乃太極還原之勢。演畢不可隨時坐臥，稍為遊動兩三分鐘，方合生理與運動之法。

中華民國二十年八月出版

新太極拳書
實價大洋八角

國術叢書

著作者 山東聊城馬永勝

校對者 中央國術館 呂光華 郭錫三

攝影者 蘇州金龍照像館

印刷者 文明書局印刷所 上海河南路中八十八號

總發行者 蘇州城內鐵瓶巷十八號 馬寓

代售處 各埠大書局

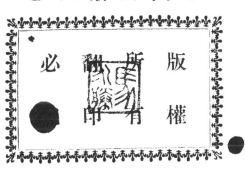

導引養生功

1 疏筋壯骨功+VCD

定價350元

2 導引保健功+VCD
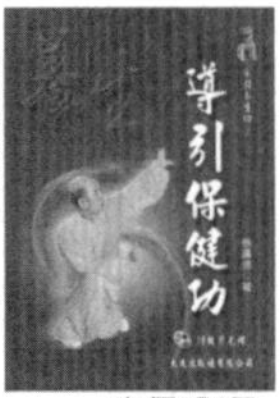

定價350元

3 頤身九段錦+VCD

定價350元

4 九九還童功+VCD

定價350元

5 舒心平血功+VCD

定價350元

6 益氣養肺功+VCD

定價350元

7 養生太極扇+VCD

定價350元

8 養生太極棒+VCD

定價350元

9 導引養生形體詩韻+VCD

定價350元

10 四十九式經絡動功+VCD

定價350元

張廣德養生著作　每冊定價 350 元

全系列為彩色圖解附教學光碟

輕鬆學武術

1 二十四式太極拳+VCD

定價250元

2 四十二式太極拳+VCD

定價250元

3 八式十六式太極拳+VCD

定價250元

4 三十二式太極劍+VCD

定價250元

5 四十二式太極劍+VCD

定價250元

6 二十八式木蘭拳+VCD

定價250元

7 三十八式木蘭扇+VCD

定價250元

8 四十八式太極劍+VCD

定價250元

彩色圖解太極武術

1 太極功夫扇

定價220元

2 武當太極劍

定價220元

3 楊式太極劍

定價220元

4 楊式太極刀

定價220元

5 二十四式太極拳+VCD

定價350元

6 三十二式太極劍+VCD

定價350元

7 四十二式太極劍+VCD

定價350元

8 四十二式太極拳+VCD

定價350元

9 楊式十六式太極拳 十八式太極劍

定價350元

10 楊氏二十八式太極拳+VCD

定價350元

11 楊式太極拳四十式+VCD

定價350元

12 陳式太極拳五十六式+VCD

定價350元

13 吳式太極拳五十六式+VCD

定價350元

14 精簡陳式太極拳八式十六式

定價220元

15 精簡吳式太極拳三十六式 拳架・推手

定價220元

16 夕陽美功夫扇

定價220元

17 綜合四十八式太極拳+VCD

定價350元

18 三十二式太極拳 四段

定價220元

19 楊式三十七式太極拳+VCD

定價350元

20 楊氏五十一式太極劍+VCD

定價350元

21 嫡傳楊家太極拳精練二十八式

定價220元

22 嫡傳楊家太極劍五十一式

定價220元

23 嫡傳楊家太極刀十三式

定價220元

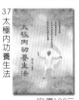

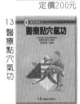

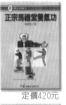

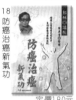

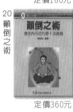

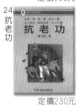

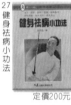

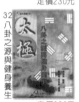

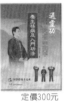

太極跤

1 太極防身術

定價300元

2 擒拿術

定價280元

3 中國式摔角

定價350元

簡化太極拳

1 陳式太極拳十三式

定價200元

2 楊式太極拳十三式

定價200元

3 吳式太極拳十三式

定價200元

4 武式太極拳十三式

定價200元

5 孫式太極拳十三式

定價200元

6 趙堡太極拳十三式

定價200元

原地太極拳

1 原地綜合太極二十四式

定價220元

2 原地活步太極四十二式

定價200元

3 原地簡化太極拳二十四式

定價200元

4 原地太極拳十二式

定價200元

5 原地青少年太極拳二十二式

定價220元

6 原地兒童太極拳十捶十六式

定價180元

大展好書　好書大展
品嘗好書　冠群可期

大展好書　好書大展
品嘗好書　冠群可期